First published in 2000
by Appletree
The Old Potato Station
14 Howard Street South
Belfast BT7 1AP
Tel: +44 (0) 28 90 243074
Fax:+44 (0) 28 90 246756
Web Site: www.appletree.ie
E-mail: reception@appletree.ie

Irish Weather Wisdom – Signs of Rain

ISBN 0-86281-714-5
9 8 7 6 5 4 3 2 1

Irish Weather Wisdom
Signs of Rain

Gabriel Rosenstock
Illustrated by Rosemary Woods

APPLETREE

*Déanfaidh sé báisteach throm
má thagann leipreachán an chlaí
isteach sa chistin.*

Rain will drench the land,
when the frog comes into the kitchen.

(The frog is called the
"leprechaun of the ditch" in Irish)

*Doineann: an traein
ag tógaint raic.*

Bad weather is
like a noisy train.

Dea-aimsir bearradh na gcaorach;
droch-aimsir cluimhreach gabhair.

GOOD WEATHER CLOUDS ARE LIKE
SHEEP'S WOOL – BAD
WEATHER CLOUDS ARE LIKE GOAT'S HAIR.

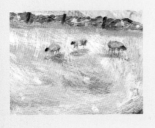

*Má fhanann na cearca
amuigh i ndiaidh ghábhail ó sholas
beidh an lá amárach go hainnis.*

TOMORROW WILL BE A MISERABLE DAY
IF THE HENS STAY OUT AFTER DARK.

*Sneachta chugainn nuair a níonn
an cat taobh thiar dá chluasa.*

SNOW IS DUE WHEN THE CAT
WASHES BEHIND BOTH EARS.

Garraí na gealái - baisteach.

A GARDEN AROUND THE MOON MEANS RAIN SOON.

Brothall - fionncheo ar thaobh an chnoic.

A WHITE MIST HALF WAY UP A HILL
is a sign of sultry weather to come.

*Comhartha cinnte fearthainne is
ea caoirigh in achrann lena chéile.*

Rain is on the way if sheep start
playing rough with one another.

*Beach ar saothar agus an
ghrian faoi – athrú aimsire.*

If the bee is busy after
sunset, the
weather will change.

*Aimsir chrua thirim nuair a bhíonn an
chorr éisc suas in aghaidh srutha chun
na sléibhte: fearthainn nuair a
ghabhann sí an abhainn anuas.*

When the heron swims upstream
by the mountains the weather will be
dry but rough: when she goes downstream,
it will rain.

Fliuch gaofar is na roilligh ag éagaoin.

THE SHRILL OYSTER CATCHERS
BRING WET AND WINDY DAYS.

Dea-shíon - an spideog ar bharr na gcraobh.

WHEN THE ROBIN SITS ON THE
HIGHEST BRANCH IN THE TREE,
THE DAYS WILL BE DELIGHTFUL.

Lachain ina gcolgsheasamh,
a gclúmh in aimhréidh – lá mór.

A STORM WILL BLOW IF DUCKS STAND UP
AND RUFFLE THEIR FEATHERS.

An ghrian agus cosa fúithi – drochshíon.

WHEN THE SUN HAS THIN, STRAGGLING
LEGS, BAD WEATHER IS AHEAD.

*Togha na haimsire chugainn -
cosa na gréine suas ar maidin
agus síos tráthnóna.*

When the sun's legs are up
at morning and down at evening,
the best weather is coming.

*Glór an easa i bhfad uait -
dea-aimsir; drochaimsir más gar duit.*

A good weather spell is due when the
sound of the waterfall is far away,
a bad spell is due when the waterfall
is audible.

Soineann agus an drúcht gan leá dhá
uair an chloig tar éis éirí gréine.

IT IS A SIGN OF GOOD WEATHER WHEN
THE DEW IS STILL ON THE GRASS TWO
HOURS AFTER DAYBREAK.

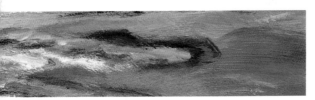

Glór na ngéanna fiáine
istoíche - an-aimsir go deo.

WHEN WILD GEESE HONK
AT NIGHT, THE WEATHER
WILL BE LOVELY.

Triomach chugainn nuair a dhéanann an sionnach tafann oíche.

When the fox barks at night
a dry spell is promised.

Dea-aimsir an ghealach ag éirí go socair dearg de dhroim an chnoic.

The red moon rises quietly over the hill and brings good weather.

*Lá bog amárach ma chlúdaíonn téada
an phúca* an talamh.*

A SOFT DAY TOMORROW WHEN
GOSSAMER THREADS COVER
THE GROUND.

(*LITERALLY "THE POOKA'S STRINGS")

*Bíonn tochas i lúidín na caillí agus
brádán ar fhód an bhaile.*

THE OLD WOMAN'S LITTLE FINGER GETS
ITCHY WHEN DAMP WEATHER IS COMING.

Nuair a thiocfaidh na faoileáin faoin sliabh tiocfaidh an stoirm ina ndiaidh.

A STORM WILL COME
WHEN SEAGULLS FLY INLAND.

Doineann má bhíonn cúr ina bhóithríní bána tríd an bhfarraige.

WHEN FOAM MAKES WHITE ROADS IN THE SEA, BAD WEATHER WILL COME.

Aimsir bhreá - na réaltaí i bhfad ón ngealach.

WHEN THE STARS ARE FAR AWAY FROM THE MOON,
THE DAYS WILL BE BEAUTIFUL.

Gealbhuí a bhíonn leipreachán an chlaí
agus an tsoineann ag teacht
ach comhartha doininne is ea cóta
dorcha a bheith air.

THE FROG IS YELLOW FOR GOOD
WEATHER BUT HIS COAT IS DARK
FOR BAD WEATHER.

Drochaimsir má thagann an
rón isteach i mbéal na trá.

IF THE SEAL COMES UP TO THE STRAND,
BAD WEATHER LIES AHEAD.

*Súiche ag titim ón simléar – droch
chomhartha aimsire.*

WHEN SOOT FALLS DOWN THE CHIMNEY,
THE DAYS AHEAD WILL BE DISMAL.

*Báisteach má
fheictear lasair
ghorm as tine
            mhóna.*

IT WILL RAIN
WHEN THE TURF
            FLAME IS
BLUE IN THE FIRE.

23

Dea-aimsir - cuileanna ar
uisce an tobair.

WHEN FLIES GATHER ON
THE WATER OF A WELL, GOOD
WEATHER IS COMING.

Aimsir lofa an spideog
a theacht i
mbéal an dorais.

IF THE ROBIN STANDS AT
THE DOORSTEP, THE WEATHER
WILL BE ATROCIOUS.

Tuar báistí mionéisc ag léim as uisce i
ndiaidh na gcuileanna.

WHEN THE LITTLE FISH JUMP OUT
OF THE WATER AFTER FLIES,
THE RAIN WILL START.

*Sneachta a fhógraíonn na
géanna nuair a eitlíonn siad ó dheas
go haillte an chósta.*

WHEΠ THE WILD GEESE FLY SOUTH
TO THE COASTAL CLIFFS,
SΠOW WILL FALL.

Sioc istoíche má ghlaonn an naoscach.

THE CALL OF THE SПIPE BRIПGS
FROST AT ПIGHT.

Tuar ceatha tráthnóna,
soineann amárach.

A RAIПBOW IП THE EVEПIПG
MEAПS A GOOD DAY TOMORROW.

26

Garbhadas amárach má bhíonn go leor cúir in aice an chósta, lán mára.

It will be a rough day tomorrow if the sea is full of foam at full tide.

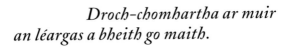

Droch-chomhartha ar muir an léargas a bheith go maith.

If there is good visibility at sea, bad weather is coming.

Garbh fliuch ma léimeann an fiach dubh go spéir.

WHEN THE RAVEN SOARS IN THE SKY, THE DAYS WILL BE WET AND WINDY.

Fógraíonn áinlí ísle doineann.

LOW-FLYING SWALLOWS BRING BAD WEATHER.

Má ghlaonn an coileach lá báistí gealfaidh sé.

IF THE COCK CROWS ON A RAINY DAY THE WEATHER WILL BRIGHTEN UP.

Bailíonn na caoirigh leo suas
go barr an chnoic ar theacht
na huaire breá.

SHEEP GATHER ON THE TOP OF A HILL,
AWAITING FINE DAYS.

Glaonn an crotach nuair a bhíonn
múrabháin sa spéir.

THE CURLEW CRIES WHEN
RAIN-CLOUDS COVER THE SKY.

Comhartha drochaimsire é
má itheann an gadhar féar.

IT IS A SIGN OF BAD WEATHER
WHEN THE DOG EATS GRASS.

*Nuair nach bhfeictear an
ghráinneog go dtí oicheanta gealaí i lár Bealtaine:
aimsir bhog cheoch.*

IF THE HEDGEHOG IS NOT SEEN BEFORE A
MOONLIT NIGHT IN MAY:
SOFT, FOGGY DAYS ARE DUE.

*Fuacht anocht go tobann an lon dubh ag
déanamh ceoil mar a bheadh
cloigín miotail á bhualadh.*

IF THE BLACKBIRDS CALL AT DUSK, THERE
WILL BE A SHARP CHILL AT NIGHT.

Báisteach chugainn: tréad
buaibh sínte in aice lena chéile i lár
páirce nach mbeadh fonn orthu éirí.

RAIN IS COMING WHEN A HERD OF COWS
LIE DOWN TOGETHER IN THE
MIDDLE OF A FIELD, RELUCTANT TO RISE.

Agus an gadhar ag míogarnach i rith an
lae tá báisteach air.

RAIN IS ON THE WAY WHEN THE DOG
NODS OFF TO SLEEP
DURING THE DAY.

Beidh athrú ar an aimsir má
chloiseann tú tormán as
drólainn an ghadhair.

IF THE DOG'S STOMACH
RUMBLES,
THE DAY WILL CHANGE.

Comhartha díle na cearca a
bheith á bpriocadh féin.

WHEN HENS PECK THEIR PLUMAGE,
A DELUGE IS FORECAST.

Tráigh an Ghleanntáin - gaoth aduaidh

NORTH WIND

Bealach Oileán na gCapall - gaoth aneas

South Wind

Tráigh Fraisce -
báisteach agus gaoth ón bhfarraige

Rain and wind from the sea

Tráigh na Cille - aimsir stoirmiúil

Stormy weather

(These strands are in South Kerry. Old men and women
listened to the sounds coming from these
and other beaches and forecast the weather).

An loma mór ag glaoch sa chuan – sioc.

THE GREAT NORTHERN DIVER CALLING
IN THE HAVEN MEANS FROST.

*An fhuinseog a bheith faoi
dhuilliúr roimh an dair.*

WHEN THE ASH TREE IS IN LEAF BEFORE
THE OAK, SUMMER WILL COME EARLY.

Múisiam

A DULLISH CLOUD AND A MIST
HERALD FINE DAYS.

Trí lá sciuthanta an chlochráin

THE THREE COLDEST DAYS IN THE
YEAR ARE THE DAYS THAT KILLED
THE STONECHAT.

Mothú an fhómhair.

Cattle sense autumn and smelling the
harvest, they start to trespass.

Is iomaí tagdh i lá earraigh.

A spring day has many
moods and fits.

38

Rabhartaí rua na hInide.

The strong gales in Lent.

Rabhartaí geala na Cásca.

The bright gales at Easter.

Ní théann stoirm thar Domhnach ná
rabharta thar Céadaoin.

A storm ends by Sunday and a gale
by Wednesday.

Faoillí a mharaíonn na caoirigh.

February kills the sheep.

(Faoillí is a traditional name for the first
15 days of February)

Lá Eamoinn an Chait.

One fine day in a spell of
disagreeable weather.
(literally Ned of the Cat's day).

Le cúnamh Dé agus na dea-uaine.

With the help of God and
fine weather.

Bríd: Geachaire lá go haoibhinn álainn
óm lá-sa go Lá Fhéile Pádraig.
Padraig: Gach aon lá go haoibhinn álainn
óm lá-sa amach, agus leath mo lae-se leis.

BRIGID: EVERY SECOND DAY WILL BE FINE,
FROM MY DAY⁺ UNTIL ST PATRICK'S DAY!
PATRICK: EVERY SINGLE DAY WILL BE FINE, FROM MY
DAY – AND HALF OF MY DAY TOO, BY THE WAY.

⁺SPRING BEGINS IN IRELAND ON THE FEAST-DAY OF ST BRIGID
(1 FEBRUARY). ST PATRICK'S DAY IS 17 MARCH.

Tá an ghrian is an ghealach bhán ag
triall faoi smúid
Tá realtaí na maidine ag sileadh súl
Tá na spéarthaí in airde faoi chulaith chumha
'S go bpillfidh tú arís ní luífidh an drúcht

THE SUN, THE BLANCHED MOON GLIDE IN GLOOM
STARS OF THE MORNING CRY THEIR EYES
WRAPPED ARE THE SKIES IN ROBES OF DOOM
UNTIL YOU RETURN, NO DEW LIES.

FROM *AN BHEAN CHAOINTE (THE KEENING WOMAN)*
FIRST COLLECTED IN COUNTY LOUTH.

Is dual do cheo gealái úire bás
a fháil ón tart.

WHEN THE MIST ON THE NEW
MOON DIES OF THIRST, DRY WEATHER
IS IN STORE.

43

Gaoth mhór is í ag tarraingt.

THE WORST WIND IS THE HIGH WIND THAT DRAWS
ITS BREATH AND COMES IN FITS.

*Toirneach i bhfad fearthainn
i bhfogas.*

DISTANT THUNDER,
PRESENT RAIN.

Gaoth leamh na toirní.

A FAINT WIND
FORECASTS THUNDER.

Oíche an tSneachta Mhóir

The Night of the Big Snow

(12 February 1855)

Lá na dtrí síon

A BAD DAY OF RAIN, SNOW
AND HIGH WINDS

Lá idir dhá shíon

A DAY BETWEEN TWO TYPES
OF WEATHER: A "PET" DAY

Cothú na doininne soineann na hoíche

A CALM NIGHT OFTEN MAKES
A STORMY MORNING.

Dá dteadh soineann go Samhain bheadh breall ar dhuine éigin.

If the fair weather lasted
until November
someone would still be
too late for the harvest.

Oíche na Gaoithe Móire

The night of the Big Wind
(6 January 1839)

"D'fhiafraigh an feirmeoir dá bhuachaill ar maidin conas a bhí an oíche agus dúirt an buachaill dá fhreagra: bhí an ghaoth aduaidh go fiúranta, le haghaidh na hoíche gailbheanta, ceann scoilb ag scoithreo leflichreo na hoíche ag aithreo".

"A FARMER ASKED HIS BOY WHAT KIND OF NIGHT THE PRECEDING NIGHT WAS AND HE REPLIED: THE NORTH WIND BLEW FIERCELY THROUGH THE BITTER NIGHT, THE SQUEEZE-LOOP TAP WAS FREEZING HARD FROM THE REGELATION OF THE MELTED FROST".

(Dinneen)·

·REV. PATRICK DINNEEN, LEXICOGRAPHER EXTRAORDINAIRE

Ní moltar ceo na seanghealaí.

NO ONE PRAISES THE WANING MOON.

Dea-aimsir í mí Dheireadh
Fómhair:
ceo bán ar fud na sléibhte
agus na maolchnoc.

A LIGHT-COLOURED FOG
     ON MOUNTAINS AND HILLS
BRINGS GOOD WEATHER
          IN OCTOBER.

Blifear bó an tsneachta
nuair a chaillfear bó an tseaca.

FROST IS MORE
TREACHEROUS THAN SNOW.
     (LITERALLY THE SNOW COW WILL BE
MILKED WHEN THE FROST COW DIES).

49

*Sneachta nach dtiocfaidh faoi
Shamhain tiocfaidh sé go ramhar
faoi Lá Fhéile Bhríde.*

THE SNOW THAT DOESN'T FALL IN
NOVEMBER WILL FALL HEAVILY
ON ST BRIGID'S DAY.

Tréine sneachta le beann.

THE HEAVIEST SNOW FALLS
ON THE MOUNTAINS.

Cith glas na Féile Breandain.

THE GREY SHOWER ON ST
BRENDAN'S DAY IS
THE STORM A FORTNIGHT
BEFORE SUMMER.

Ceo sí

YOU LOSE YOUR WAY IN A FAIRY MIST.

Mí na bó Riabhaí

MARCH IS THE MONTH OF THE BRINDLED COW.

(THE BRINDLED COW COMPLAINED AT THE BEGINNING OF APRIL ABOUT
THE HARSH MARCH DAYS. MARCH BORROWED A FEW DAYS FROM APRIL
BUT THESE WERE SO MISERABLY WET AND STORMY THAT THE POOR COW
DROWNED. MARCH HAS ONE DAY MORE THAN APRIL AND THE
BORROWED DAYS ARE STILL CALLED TO THIS DAY: LAETHANTA NA BÓ
RIABHAÍ - THE DAYS OF THE BRINDLED COW).

Cochall Cholm Cille tharainn anall
Agus, a Spioraid Naoimh is treine
nirt, dearc orainn anuas.

COLUMBA'S HOOD MAY IT COVER US ENTIRE
AND, HOLY SPIRIT, LOOK DOWN WITHOUT IRE.

(RECITED AS A CHARM AGAINST LIGHTNING AND DELUGE).

*Is comhartha mór d'aimsir bhrothallach
na damháin alla a bheith istigh in
achrann i gcúinní na bhfallaí.*

Spiders in the crannies of walls is
a sign of sultry days to come.

*Nuair a bhíonn na
failltreacha ó dheas ag
sciúgáil sin comhartha
mór fearthainne.*

Rain will fall
when the southern cliffs
gasp for breath.

Corr-chogailt

If green and blue figures appear on
the hearth when you rake
the fire at night,
frost or rain is forecast.

Tibid grian dar cách tír
        dedlaid lim fri sin sal
garit coin dailit daim
        forbrit brain, tanic sam.

Over every land the sun smiles
for me a parting word to
        foul weather
hounds bay, stags assemble
        ravens abound, summer's arrived.

(c. 10th century)

Gaim dub dorcha dethaite
diumassaig coin chamchomaig
cuirthir ar aed tarnlestar
                iar ló dorcha dub.

Winter, black, dark and smoky
bone-chewing dogs full of ire
        the iron pot is placed on the fire
        when the dark black day is over.
                        (c. 10th century)

Glass úar errach aigide
        uacht ina gáith gignithear
glaedit lachain linnuisci.

Bitterly cold the icy spring
venom will form in its womb
        ducks freeze to the pond.
                (c. 10th century)

Fuit, fuit!
Fuar a-nocht Magh leathan Luirg
airde an sneachta ionás an slíabh
nocha roicheannfladh a geuid.

Brr, brr!
Cold tonight is wide Moylurg
the snow is higher than the hill
the deer cannot reach their food

(*c.* 10th century)

Scél lem dúib
dordaid dam
snigid gaim
  ro faith sam

  Gaeth ard úar
   íseal grain
  gair a rith
  ruirtheach rian

Rorúad raith
ro cleth cruth
ro gab gnáth
 giugrann guth

  Ro gab úacht
   etti én;
   aigrid re
   é mo scél.

I'VE NEWS FOR YOU
STAG ROARS
  WINTER SNOWS
  SUMMER'S OVER
  WIND IS HIGH AND COLD
THE SUN LOW
 ITS COURSE BRIEF
    THE TIDES FLOW

 BRACKEN HAS REDDENED
 ITS SHAPE NOT SEEN
 THE WILD GOOSE HAS RAISED
  HER CUSTOMARY KEEN

 COLD ENMESHED
 IN BIRDS' WINGS;
 TIME OF ICE
   SUCH ARE MY TIDINGS.

Ag cur sceana gréasaí.

IT IS RAINING COBBLERS' KNIVES.

57

I bhfad ag cur i bhfad ina thuradh.

Long foul, long fair.

Daithneach

Before thunder,
large raindrops
fall.

Múirin gréine an múr is tréine amuigh.

No shower has more power
than the sun shower.

Farraige chodlatach

The sea is sleepy and
brooding before or after
a storm.

*Lá na seacht síon – gaoth mhór,
báisteach, sioc agus sneachta, tintreach,
toirneach agus lonrú gréine.*

On the day of seven weathers, there is high
wind, rain, frost and snow, thunder,
lightning and sunshine.

*Bíodh braon agat chun amadán
a dhéanamh den fhuacht.*

Have a drop of the hard stuff
and make a fool of the cold.

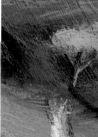
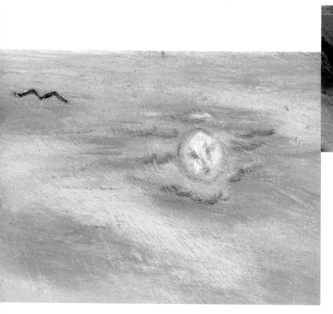

Gormán

A bluish fellow, sensitive to the cold

Go n-imí an tuile den turlach leat.

MAY YOU TAKE YOUR BAD
LUCK WITH YOU.

(LITERALLY MAY THE FLOOD FROM THE WINTER
LAKE GO WITH YOU).

Léas

A light in the sky is a sign
of a change in the weather.

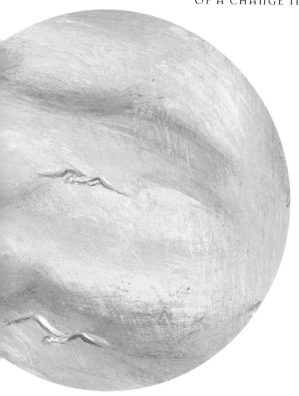

Lá breá ag do chairde ad adhlacan.

May your friends have fine
weather for your funeral.

Lá breá

FINE DAY

(SOBRIQUET GIVEN BY
NATIVE SPEAKERS
TO LEARNERS OF IRISH)

Madra gaoithe

A WIND-DOG: A CLOUD FORECASTING
A SQUALL.

Is minic a bhí fómhar na ngéanna crua scuabach.

THE GOOSE HARVEST IS ALWAYS
HARD AND GUSTY.

(THE GOOSE HARVEST –
WHEN GEESE RANGE THE CORN STUBBLE)

Na Duibhir

SUBMERGED ROCKS KNOWN AS THE
DUIBHIR ARE ONLY VISIBLE IN VERY
SEVERE WEATHER CONDITIONS.

Flaiche

STORM AND RAIN

*Gaoth bhainfeadh
an craiceann d'fhíoghach*

A WIND THAT WOULD SKIN A DOG-FISH

*Trí bríos gála trí gala feothan,
trí feothan stoirm, trí stoirm
airic.*

THREE BREEZES MAKE A GALE,
THREE GALES A WINNOWING WIND,
THREE WINNOWING WINDS MAKE A STORM,
THREE STORMS A HURRICANE.

Lá coscartha an tsneachta

THE DAY THAT MELTS THE SNOW

Spairneach

Winnowing and wet

Dar brí na gréine is na gealái

By the power of the
sun and the moon.

Beartla na Gaoithe

BARTLEY OF THE WIND.
MAY YOU TAKE YOUR BAD LUCK
WITH YOU.

(BARTLEY IS THE MAN IN CHARGE OF RÍOCHT NA GAOITHE,
THE KINGDOM OF THE WIND, ALSO KNOWN AS ST
BARTHOLOMEW WHO TESTS HIS FLAILS ON
ST BARTHOLOMEW'S DAY).

Leasú seacht mblian brúcht maith sneachta.

A GOOD FALL OF SNOW IS WORTH
SEVEN YEARS' MANURE.

Ceo ar Mhuisire agus Clárach lom
An comhartha soininne is fearr
ar domhan.

Fog on Mushberry and
    Claragh mountains bear
The best sign of good weather
    that is there.

Luaithreamhán Márta

March dust

(a fistful was worth a guinea)

Fearthainn don lao,
gaoth don uan.

Rain falls before the birth of
the calf, wind howls before the
birth of the lamb.

Leac Éinne

Name of a turning stone to
produce a change in
the weather.

Luan Lae Bhealtaine

WHEN MAY DAY FALLS ON
           A MONDAY, IT IS THE
COLDEST DAY ON EARTH.

A bhuí le Dia nach é saor an bháid
           a dhein an tigh.

THANK GOD IT WASN'T
           THE BOATWRIGHT WHO
                      BUILT THE HOUSE.

Tá an uain ina súi ar a tóin inniu.

THE WEATHER IS SITTING DOWN TODAY.

Ag pógadh na gcópan.

YOU KISS THE KNEE CAPS WHEN THE WEATHER IS SO
COLD THAT YOU CURL UP IN BED WITH
YOUR KNEES TO YOUR LIPS.

An ghrian ina tuirne mhór.

WHEN THE SUN IS A GREAT SPINNING
WHEEL, BAD WEATHER IS FORECAST.

Gal phiútair

A DRY EASTERLY WIND COMES TWICE
A YEAR, IN MARCH AND
IN NOVEMBER, TO DRY THE TURF.

Lá na bó duibhe.

THE DAY OF THE BLACK COW
   IS A VERY HOT SUMMER'S DAY.

*Leathghealach ghiortach ar
              a tóin – drochshíon.*

A STUMPY HALF MOON SITTING DOWN
IS A SIGN OF BAD WEATHER TO COME.

Titim ceanramáin ar oíche fhómhair.

An autumn night falls
            like the ceanramán.

(~~the~~ ceanramán is a type of hornet or flying beetle which
   AN   appears in autumn. He plunges swiftly from the sky).

Lá stamhlaí

A dry, cold, blustery day